BEI GRIN MACHT SICH IHR WISSEN BEZAHLT

- Wir veröffentlichen Ihre Hausarbeit, Bachelor- und Masterarbeit

- Ihr eigenes eBook und Buch - weltweit in allen wichtigen Shops

- Verdienen Sie an jedem Verkauf

Jetzt bei www.GRIN.com hochladen und kostenlos publizieren

Frederike Doyé

Vom braven Bauernmädchen zur selbstbewussten Göre – die Weiterentwicklung des „Rotkäppchen"

Entwicklung der Frauenrolle des "Rotkäppchen" der Gebrüder Grimm

GRIN Verlag

Bibliografische Information der Deutschen Nationalbibliothek:

Die Deutsche Bibliothek verzeichnet diese Publikation in der Deutschen National-
bibliografie; detaillierte bibliografische Daten sind im Internet über http://dnb.d-
nb.de/ abrufbar.

Dieses Werk sowie alle darin enthaltenen einzelnen Beiträge und Abbildungen
sind urheberrechtlich geschützt. Jede Verwertung, die nicht ausdrücklich vom
Urheberrechtsschutz zugelassen ist, bedarf der vorherigen Zustimmung des Verla-
ges. Das gilt insbesondere für Vervielfältigungen, Bearbeitungen, Übersetzungen,
Mikroverfilmungen, Auswertungen durch Datenbanken und für die Einspeicherung
und Verarbeitung in elektronische Systeme. Alle Rechte, auch die des auszugsweisen
Nachdrucks, der fotomechanischen Wiedergabe (einschließlich Mikrokopie) sowie
der Auswertung durch Datenbanken oder ähnliche Einrichtungen, vorbehalten.

Impressum:

Copyright © 2010 GRIN Verlag GmbH
Druck und Bindung: Books on Demand GmbH, Norderstedt Germany
ISBN: 978-3-656-18018-0

Dieses Buch bei GRIN:

http://www.grin.com/de/e-book/190911/vom-braven-bauernmaedchen-zur-selbst-
bewussten-goere-die-weiterentwicklung

GRIN - Your knowledge has value

Der GRIN Verlag publiziert seit 1998 wissenschaftliche Arbeiten von Studenten, Hochschullehrern und anderen Akademikern als eBook und gedrucktes Buch. Die Verlagswebsite www.grin.com ist die ideale Plattform zur Veröffentlichung von Hausarbeiten, Abschlussarbeiten, wissenschaftlichen Aufsätzen, Dissertationen und Fachbüchern.

Besuchen Sie uns im Internet:

http://www.grin.com/

http://www.facebook.com/grincom

http://www.twitter.com/grin_com

Vom braven Bauernmädchen zur selbstbewussten Göre –
die Weiterentwicklung des „Rotkäppchen"

Inhaltsverzeichnis

Seite

1. Einleitung

Ich habe mich für das Thema Märchen entschieden, da ich als Kind selber gerne Märchen erzählt oder vorgelesen bekommen habe. Dabei haben mir besonders die Märchen der Gebrüder Grimm gefallen. Speziell für das Märchen "Rotkäppchen" habe ich mich entschieden, da es eine immense Vielzahl von verschiedenen Versionen dieses Märchens gibt und sich über die Jahre ein äußerst facettenreicher Erzählstoff entwickelt hat. Ich werde drei Fassungen des Märchens Rotkäppchen miteinander Vergleichen. Dazu habe ich mir die Version des französischen Schriftstellers Charles Perrault, die der Gebrüder Grimm und eine Version des amerikanischen Schriftstellers James Thurber ausgesucht. Meine Wahl traf diese drei Fassungen, da die von Perrault als ursprüngliche Fassung angesehen werden kann, die Version der Gebrüder Grimm die wohl bekannteste ist und die von Thurber, da diese wiederum eine anderen Verlauf des Märchens parat hält. Besonders hervorheben möchte ich hierbei die Entwicklung des Charakters des "Rotkäppchen". Ich werde die verschiedene Märchentypen, die des Volksmärchens und die des Kunstmärchens, vorstellen und die Entstehungsgeschichte des Rotkäppchen-Märchens präsentieren, sowie den Inhalt der drei Märchen wiedergeben. Im Hauptteil meiner Arbeit werde ich die drei Versionen des Märchens miteinander vergleichen, mögliche gesellschaftliche Hintergründe für die Unterschiede aufweisen und die Entwicklung des "Rotkäppchen" herausarbeiten.

2. Begriffserklärung Märchen

2.1 Volksmärchen

Volksmärchen beruhen auf mündlichen Erzählungen. In Europa wurden sie seit dem 16./17. Jahrhundert gesammelt, aufgezeichnet und dem jeweils herrschenden literarischen Geschmack angeglichen. Es haben sich dennoch bestimmte gemeinsame Merkmale erhalten: Zeit und Ort sind nicht fixiert, die Naturgesetze haben keine Geltung, Pflanzen, Tiere und Gestirne können sprechen und sind dem Menschen gleichgestellt. Hervorstechend ist die einfache Struktur dieser Märchen, sie ist stark von formelhaften Elementen und typisierten Personen geprägt. In der Romantik galt das Volksmärchen als die vollkommene Verkörperung einer ursprünglichen Dichtung.

2.2 Kunstmärchen

Das Kunstmärchen ist eine individuelle Erfindung eines namentlich bekannten Autors. Der Text steht wörtlich fest und übernimmt bestimmte Elemente aus den Volksmärchen, wie etwa Zauberei und übermitteln oft philosophische Botschaften[1]

3. Die Literaturgeschichte des Märchens Rotkäppchen

Etliche vom Volksmund überlieferte Varianten können der Anfang des Rotkäppchen-Märchens

---

1 Meyers Großes Taschenlexikon 25 Bänden, Band 14: Lutt – Mim. B.I. Taschenbuchverlag: 2001. S. 117 ff.

gewesen sein. So ist es möglich, dass der Wolf als Fabelwesen eine fiktive Schreckensgestalt verkörpert, den Werwolf oder aber einen sogenannten Menschenwolf, der vielleicht geistesgestört war. In beiden Fällen wird vor dem *bösen* Wolf, ob Mensch oder tatsächlich Wolf gewarnt. Somit kann die ursprüngliche Rotkäppchen-Geschichte als sogenanntes Warnmärchen interpretiert werden, in dem entweder vor dem hungrigen Wolf als solchem oder vor einem gefährlichen Menschen gewarnt wird, der Kinder angreift.[2]

Das Märchen des Rotkäppchen wurde als erstes schriftlich 1697 von Charles Perrault verfasst und hieß im Original *"Le Petit Chaperon Rouge"* und ist wahrscheinlich von den Geschichten über Werwölfe abgeleitet.[3] Perraults Rotkäppchen wurde 1712 in Englische übersetzt und machte seinen Weg auch nach Amerika, wo es äußerst populär wurde. Die erste deutsch Übersetzung erschien im Jahre 1790.[4]

Die erste deutsche Fassung des Rotkäppchen-Märchens wurde im Jahre 1800 von Ludwig Tieck verfasst. Diese Fassung ist eine aus Versen und Reimen bestehende Überarbeitung des Perraultschen Erzälstoffes und heißt im Original *"Leben und Tod des kleinen Rotkäppchen. Eine Tragödie."*.

Die wohl bekannteste Fassung des Märchens Rotkäppchen stammt von den Gebrüdern Grimm und erschien erstmals 1812 im ersten Band der "Kinder- und Hausmärchen" von Jakob und Wilhelm Grimm. Als Quelle dieses Grimms Märchens diente die Perrault-Version des Rotkäppchen-Märchens.[5]

Im Jahre 1939 veröffentlichte James Thurber seine Version des Rotkäppchen: "Das kleine Mädchen und der Wolf" ("The Girl and the Wolf") im amerikanischen.

Die Geschichte des Rotkäppchen ist das wohl bekannteste und meist variierte Märchen. So gibt es etliche Abwandlungen und Parodien, sowie Filme und Werbefiguren, die das Märchen des Rotkäppchen als Grundlage gebrauchen. Hierbei wird die Hauptperson Rotkäppchen immer emanzipierter und lässt sich nicht mehr einfach verschlingen.

4. Inhaltsangabe

4.1 "Rotkäppchen" von Charles Perrault

Das kleine, hübsche Mädchen wird zur kranken Großmutter geschickt, um ihr Fladen und Butter zu bringen. Die Großmutter hat dem Mädchen ein rotes Käppchen machen lassen und daher nennt man es überall nur Rotkäppchen.

Der Wolf sieht das Rotkäppchen und möchte es sogleich fressen, traut sich aber nicht, da sich einige Holzfäller in der Nähe befinden. Der Wolf erfährt durch befragen des Rotkäppchens wo die

---

2 Ritz, Hans: Die Geschichte vom Rotkäppchen: Ursprünge, Analysen, Parodien eines Märchens. Göttingen: Muriverlag, 2000. S. 8 – 9.
3 Zipes, Jack: Rotkäppchens Lust und Leid. Köln: Eugen Diederichs Verlag, 1982. S. 17
4 Zipes, Jack: Rotkäppchens Lust und Leid. Köln: Eugen Diederichs Verlag, 1982. S. 30 f.
5 Ritz, Hans: Die Geschichte vom Rotkäppchen: Ursprünge, Analysen, Parodien eines Märchens. Göttingen: Muriverlag, 2000. S. 14 f.

Großmutter wohnt, eilt zur ihr und verschlingt diese. Im Bett wartet der Wolf auf das Rotkäppchen und fordert diese nach ihrem Eintreffen auf, sich zu ihm in sein Bett zu legen. Rotkäppchen zieht sich bereitwillig ihre Kleider aus und bemerkt, dass der Wolf unbekleidet ist. Dies veranlasst das Rotkäppchen die vermeintliche Großmutter zu fragen, warum die Großmutter denn so große Arme, Beine, Ohren, Augen und Zähne habe. Der Wolf beantwortet alle Fragen bis auf die letzte unverfänglich, doch bei der letzten Frage nach seinen Zähnen antwortet er : *„Damit ich dich fressen kann!"* und verschlingt das Rotkäppchen.

Charles Perraults Moral dieser Geschichte ist, dass ein jedes Kind übel daran tut, wenn es vertrauensselig ist und es nicht erstaunlich sei, wenn ein Wolf so viele (Kinder) frisst, denn da gibt es welche (Wölfe), freundlich und mit gutem Benehmen die junge Damen ins Auge fassen und ihnen durch Gassen und in die Häuser zu folgen, doch gerade diese Wölfe locken ins Verderben.

4.2 "Rotkäppchen" von den Gebrüdern Grimm

Die *„kleine süße Dirne"*, die von seiner Großmutter ein Käppchen aus rotem Samt geschenkt bekommen hat und daher nur "Rotkäppchen" heißt, wird von seiner Mutter losgeschickt, um der kranken Großmutter ein Stück Kuchen und eine *„Bouteille"* Wein zu bringen. Nach der Ermahnung der Mutter nicht vom rechten Weg abzukommen macht sich Rotkäppchen auf zu ihrer Großmutter. Im Wald begegnet Rotkäppchen dem Wolf. Durch eine Hinterlist erfährt der Wolf von Rotkäppchen, wo die Großmutter wohnt und verführt Rotkäppchen dazu in den Wald zu gehen um Blumen für ihre Großmutter zu pflücken. Bei der Großmutter angekommen frisst der Wolf diese sofort auf.

Nachdem sich der Wolf das Nachthemd und die Haube der Großmutter angezogen und sich in ihr Bett gelegt hat erscheint das Rotkäppchen und wundert sich über das Aussehen der Großmutter. Die Fragen des Rotkäppchen, warum die Großmutter so große Ohren, Augen und Hände habe beantwortet der Wolf unverfänglich. Erst bei der Frage nach dem *„entsetzlich großen Maul"* antwortet dieser: *„Daß ich dich besser fressen kann."* und verschlingt das Rotkäppchen.

Der Wolf legt sich gesättigt zurück in das Bett der Großmutter und beginnt laut zu schnarchen. Durch dieses Schnarchen wird ein Jäger aufmerksam und betritt das Haus der Großmutter um nach dem Rechten zu sehen. Im Bett der Großmutter erkennt er den Wolf, den *„alten Sünder"*, und möchte diesen sogleich erschießen. Da ihm aber in den Sinn kommt, dass der Wolf die Großmutter gefressen haben könnte und diese noch zu retten sei, nimmt er stattdessen eine Schere und schneidet den Bauch des Wolfes auf. Hinaus kommen lebendig das Rotkäppchen und die Großmutter. Rotkäppchen holt geschwind große Steine und füllt damit dem Wolf den Bauch. Als der Wolf erwacht und fortlaufen will, fällt er durch die schweren Steine in seinem Bauch hin und stirbt.

Das Rotkäppchen, die Großmutter und der Jäger sind dadurch sehr vergnügt, der Jäger zieht dem Wolf das Fell ab und geht damit Heim, die Großmutter trinkt den Wein und isst den Kuchen und Rotkäppchen denkt: *„Du willst dein Lebtag nicht wieder allein vom Weg ab in den Wald laufen,* *wenn dir's die Mutter verboten hat!"*.

4.3 "Das kleine Mädchen und der Wolf" von James Thurber

Der Wolf wartet im finsteren Wald auf das Mädchen mit einem Korb voller Lebensmittel für die Großmutter. Als das Mädchen kommt erfragt der Wolf wo die Großmutter des Mädchens wohnt. Im Haus der Großmutter erkennt das Mädchen den mit Nachthemd und -haube der Großmutter verkleideten Wolf, nimmt seine Pistole aus ihrem Korb und erschießt den Wolf.

Die Moral dieser Geschichte: Heute ist es nicht mehr so leicht wie früher kleinen Mädchen etwas vorzumachen.

5. Unterschiede der drei Fassungen

5.1 Unterschiede am Anfang der Geschichte

Sowohl bei den Gebrüdern Grimm, als auch bei Perrault wird ausdrücklich darauf hingewiesen, dass es sich bei dem Mädchen um ein Mädchen mit roter Kappe handelt, warum das Kind auch Rotkäppchen genannt wird. Dies ist wichtig, da das Märchen hierdurch seinen Titel, nämlich "Rotkäppchen", bekommt. Des Weiteren wird darauf hingewiesen, dass das rote Käppchen von der Großmutter geschenkt wurde, was auf ein inniges Verhältnis zwischen Großmutter und Enkelin schließen lässt.

Nicht so bei Thurber, hier wird "Rotkäppchen" als solches namentlich nicht erwähnt, sondern heißt durchweg nur „das kleine Mädchen". Als Ursache dieser deutlichen Unterscheidung kann sowohl der Bekanntheitsgrad des Märchens sein, jeder weiß mittlerweile, dass es sich bei einem Märchen, bei dem ein Mädchen und ein Wolf vorkommen, um das Märchen des Rotkäppchen handelt, zum anderen ist die Geschichte moderner gehalten und die Bezeichnung "Rotkäppchen" nun nicht mehr zeitgemäß. Demzufolge ist der Titel der Geschichte auch „Das kleine Mädchen und der Wolf".

Auch wird Rotkäppchen bei Perrault nicht, wie bei den Gebrüdern Grimm, von der Mutter ermahnt vom Rechten Weg abzukommen und artig zu sein, sondern geradewegs zur kranken Großmutter geschickt.

Die Ermahnungen durch die Mutter bei der Grimmschen Version ist jedoch wichtig, da das Rotkäppchen zum Ende der Geschichte sein Fehlverhalten einsieht und gelobt, in Zukunft auf seine Mutter zu hören. Damit wird zum ersten Mal deutlich, dass es sich bei der Fassung der Gebrüder Grimm um ein erzieherisches Märchen handelt.

Bei Thurber kommt eine Mutter gar nicht erst vor. Man erfährt nur, dass der Wolf auf ein Mädchen mit „Leckereien" für seine Großmutter wartet. Da diese Geschichte, wie bereits erwähnt, wesentlich moderner gehalten ist, ist es möglich, dass das Einbringen einer Mutter zu altmodisch wäre.

Das besondere bei Thubers Version ist, dass der Wolf ein kleines Mädchen mit einem vollen Korb Leckereien bereits erwartet. Dem Wolf ist also bekannt, dass ein Mädchen vorbeikommen wird. Es handelt sich also nicht um eine zufällige, sonder eine vom Wolf bewusst ersehnte Begegnung.

Ebenso kann man davon ausgehen, dass es vorausgesetzt wird, dass das Märchen des Rotkäppchen dem Leser bekannt ist.

5.2 Unterschiede, warum der Wolf Rotkäppchen nicht sofort frisst

Perraults Rotkäppchen wird von dem Wolf nicht sofort verspeist, da dieser sich den nahen Holzfällern bewusst ist und sich nicht traut sofort zur Tat zu schreiten. Es scheint, dass der Wolf sich seiner unrechten Tat bewusst ist und diese lieber unentdeckt durchführen möchte.

Bei den Gebrüdern Grimm ist der Wolf gefräßiger und kalkuliert die Großmutter bewusst als eine zwar nicht so schmackhafte Mahlzeit wie das Rotkäppchen, aber immerhin zusätzliche Fressgelegenheit ein.

Bei Thurber kommt es zu keiner Erklärung, warum der Wolf das Mädchen nicht sofort frisst, er fragt geradewegs nach dem Wohnort der Großmutter. Es wird wiederum vorausgesetzt, dass das Märchen des "Rotkäppchen" bekannt ist.

5.3 Unterschiede im Verhalten des Wolfes im Haus der Großmutter

Bei Perrault verschlingt der Wolf nach dem Betreten des Hauses die Großmutter mit samt ihrer Kleidung und legt sich in ihr Bett. Man kann also sagen, dass der Wolf "nackt" ist, was das Rotkäppchen jedoch nicht zu stören scheint, auch nicht, als der Wolf es dazu auffordert sich seiner Kleidung zu entledigen und sich zu ihm zu legen. Hier wird zum ersten Mal eine mögliche sexuelle Intention deutlichen, die im Nachtrag, der Moral, erneut aufgegriffen wird. Es wird bis heute im Allgemeinen nicht als normal oder selbstverständlich angesehen, wenn eine Großmutter ihre Enkelin auffordert, sich ihrer Kleider zu entledigen und sich zu ihr ins Bett zu gesellen.

Anders bei der Grimmschen Version, hier frisst der Wolf die Großmutter und bedient sich danach an ihrer Kleidung um sich zu verkleiden. Diese Handlung scheint nicht sehr schlüssig, da der Wolf die Großmutter zuvor nicht entkleidet, sondern im ganzen, also mit ihrer Kleidung, verschlingt. Dies lässt jedoch darauf schließen, das die Fassung der Gebrüder Grimm nicht den sexuellen Charakter des Perraultschen Märchens beibehält, sonder, wie bereits erwähnt, lediglich den erzieherischen Aspekt erfüllen möchte.

In Thurbers Version wird eine gestaltliche Großmutter gar nicht erst vorgestellt, man weiß nicht genau, ob der Wolf die Großmutter gefressen hat oder ob diese gerade nicht zu Hause ist. Er bedient sich wohl ihrer Kleidung, denn als Rotkäppchen das Haus betritt liegt er bereits in Nachthemd und -haube im Bett der Großmutter. Die Interaktion mit der Großmutter ist für diese Version des Märchens nicht mehr bedeutend. Wichtig allein ist, dass das Mädchen hereingelegt werden soll, was mit der Verkleidung des Wolfes geschehen soll.

5.4 Unterschiede des Schlusses und der Nachträge

Der Schluss bei Perrault geht unglücklich für die Großmutter und das "Rotkäppchen" aus. Beide werden vom Wolf verspeist und das Märchen endet mit einer Moral in der es heißt, dass kleine

Mädchen nicht zu vertrauensselig sein sollten und sich nicht von Wölfen ins Verderben locken lassen sollten. Geht man hier von einem, wie bereits erwähnten, sexuellen Charakter des Märchens aus und ersetzt man den Wolf durch einen Mann, wird deutlich, dass Perrault kleine Mädchen davor warnt, sich auf (fremde) Männer einzulassen oder ihnen zu vertrauen.

Das Ende bei den Gebrüder Grimm sieht einen guten Schluss für die Großmutter und das Rotkäppchen vor. Beide werden von einem Jäger gerettet. Das findige Rotkäppchen füllte den Bauch des Wolfes mit Steinen, woran dieser stirbt. Auch hier gibt es eine Moral, in der das Rotkäppchen gelobt, zukünftig den Ermahnungen der Mutter folge zu leisten und artig zu sein. Hierbei wird der erzieherische Charakter erneut deutlich. Indem das Rotkäppchen verspricht, in Zukunft auf seine Mutter zu hören, denn sie hat ja nun am eigenen Leib erfahren, was passiert, wenn sie dies nicht tut. Im Umkehrschluss würde dies bedeuten, dass, wenn man nicht auf seine Eltern hört, einem schreckliches widerfahren wird.

Thurber präsentiert seinen Schluss kurz und schmerzlos, indem er das Rotkäppchen den Wolf erschießen lässt. Doch auch hier gibt es eine Moral, in der darauf hingewiesen wird, dass es heutzutage nicht mehr so einfach sei kleine Mädchen hinters Licht zu führen. Wesentlich moderner und auch emanzipierter darf das Mädchen hier agieren. Es lässt sich nicht hinters Licht führen, sondern ist clever und durchschaut die Absichten des Wolfes. Es kommt ihm sogar zuvor und erschießt ihn, bevor er ihr etwas antun kann.

6. Mögliche gesellschaftliche Hintergründe für die Unterschiede

Zu der Zeit, als Perrault begann seine Märchen zu schreiben, hatte sich die Hauptkrise der Reformation zeitweise gelöst. Im Laufe des Zivilisationsprozesses gewann das französische Bürgertum immer mehr an Bedeutung und wollte seinen Einfluss vergrößern und größere politische Macht übernehmen. Einen Weg, seine Werte und Interessen zu verbreiten und seinen Einfluss zu stärken, war die literarische Sozialisation. Im 16. und 17. Jahrhundert wurde die Kindheit erstmals als separate Wachstumsphase und Grundlage für die spätere Entwicklung anerkannt. Wie der französische Zivilisationsprozess selbst, so ist auch in Perraults Märchen die Idee einer männlichen Dominanz deutlich zu spüren. [6]

Auf die Geschichte des Rotkäppchens bezogen, wird deutlich, dass Perrault versucht war, die kindliche Entwicklung zu regulieren und einzuschränken. Zu seiner Zeit war es üblich, Kinder zu zivilisieren, indem man sie hemmt.[7] Dies wird verstärkt durch die abschließende Moral, in der er eindringlich kleine Mädchen davor warnt, sich auf Wölfe einzulassen. Der Wolf erscheint als Verführer, der kleinen Mädchen nachstellt, seine bösen Absichten mit schönen Worten verhüllt und deren Vertrauen ausnutzt. Somit ist das Rotkäppchen auch, anders als bei den Gebrüdern Grimm und bei Thurber, nicht zu retten. Es ist so naiv und leichtgläubig um dem Wolf zu trauen und gar die

---

6 Zipes, Jack: Rotkäppchens Lust und Leid. Köln: Eugen Diederichs Verlag, 1982. S. 29 ff.
7 Zipes, Jack: Rotkäppchens Lust und Leid. Köln: Eugen Diederichs Verlag, 1982. S. 25

Adresse der Großmutter zu verraten, dann zu dumm um den Wolf im Bett der Großmutter zu erkennen. Somit hat das naive Mädchen sein Schicksal selbst besiegelt.

In Deutschland wird das Märchen harmloser. Für die Gebrüder Grimm war das Märchen Perraults zu sexuell, zu grausam und zu tragisch.[8] Um den Idealen des aufsteigenden Biedermeier und der Viktorianischen Epoche gerecht zu werden bearbeiteten sie das Märchen bewusst im Sinne des bürgerlichen Sozialisationsprozesses des 19. Jahrhunderts. Ihre Änderungen spiegelt die sozialen Wandlungen in der Sichtweise von Kindern und ihrer Erziehung wieder.[9] Durch eine Schreckensgestalt, in diesem Falle die des Wolfes, sollte den Kindern Angst eingejagt werden und davon abgehalten werden sich auf Gefährliches einzulassen. Hauptaugenmerk hierbei soll auf den glücklichen Ausgang der Geschichte gelegt werden. Da Rotkäppchen nicht, wie versprochen, auf seine Mutter hört, muss ihr Ungehorsam bestraft werden und sie wird vom Wolf gefressen. Diese Vorstellung von Kindererziehung waren eine Weiterentwicklung der bürgerlichen Erwartungen. Die Gebrüder Grimm fordern somit, das die von Erwachsenen auferlegten Normen, nämlich verantwortlich zu handeln, folge zu leisten sei.[10] Sie lassen das Mädchen noch naiver als Perrault erscheinen, indem es den Wolf als solchen nicht einmal in der Kleidung der Großmutter erkennt, dann bedienen auch sie sich wie Perrault der männlichen Dominanz, die in dieser Zeit noch vorherrschend war und der Jäger tritt als Held auf die Bildfläche. Dies unterstreicht erneut den patriarchalischen Wesenszug dieser Zeit deutlich. Neu jedoch ist, dass das Rotkäppchen selbständig auf die Idee kommt, den Bauch des Wolfes mit Steinen zu füllen, woran dieser letztendlich stirbt. Hier ist es möglich, dass dem Kind, oder eben gerade einem Mädchen, zugestanden wird, sich selber zu helfen und eigene Ideen zu verwirklichen. Vorsichtig kann man sagen, dass ein erster Zug von Emanzipation zu sehen ist.

Die amerikanische Geschichte „The little Girl and the Wolf", eine weitere Version des Rotkäppchen-Märchen, ist nicht, wie die anderen Fassungen, explizit für Kinder geschrieben. Die teilweise ironisch anklingende Erzählung zeigt auf, dass das lesende Publikum bereits erwachsen ist und das traditionelle Rotkäppchen-Märchen in Frage stellt. Diese Rotkäppchen-Erzählung hat keinen Namen für seinen Hauptcharakter nötig, es weiß auch so Jedermann, um wen es geht. Das Mädchen ist schlau und selbstbewusst. Es kann Gedankenabläufe erfassen und weiß sich selber – wenn in diesem Falle auch mit drastischen Mitteln – zu helfen. Der Zivilisations- und Sozialisationsprozess ist vollzogen und wird hinterfragt. Geradezu verachtend wird in der Moral darauf hingewiesen, dass es doch lächerlich sei, in der heutigen Zeit (1939) anzunehmen, dass sich ein cleveres, emanzipiertes Mädchen von einen Wolf hinters Licht führen ließe.

---

8 Zipes, Jack: Rotkäppchens Lust und Leid. Köln: Eugen Diederichs Verlag, 1982. S. 31
9 Zipes, Jack: Rotkäppchens Lust und Leid. Köln: Eugen Diederichs Verlag, 1982. S. 32, 33
10 Zipes, Jack: Rotkäppchens Lust und Leid. Köln: Eugen Diederichs Verlag, 1982. S. 34

7. Fazit

Das Rotkäppchen ist ein weit verbreitetes Symbol und man kann die Mädchen-Wolf-Konstellation im Fernsehen, auf Werbetafeln, Postkarten, Postern, Spielzeug, sowie in Zeitungen, Zeitschriften, Cartoons und Filmen finden. Eine wahre Leistung für ein mehr als 300 Jahre altes Märchen.

Die Konstellation von Wolf und Mädchen hängt von dem sozial-historischen Hintergrund und dem kulturellen Kampf der Geschlechter um gesellschaftliche Rollen ab.

Doch beginnen wir von vorne. Erfunden wird das Rotkäppchen als als hübsches und liebenswertes, naives und hilfloses Mädchen. Es scheint, als sei sie zum Leben alleine nicht fähig. Es lässt sich von einem Wolf einlullen, den sie als solchen nicht erkennt. Nichteinmal im Bett der Großmutter und auch nicht an der Stimme kann sie ihn als den „Bösen" ausmachen. Und ungezogen ist das Rotkäppchen auch, es hört nicht auf seine Mutter und muss natürlich dafür büßen, indem es vom Wolf gefressen wird. Erstmals gestehen ihm die Gebrüder Grimm gute 150 Jahre später ein wenig Verstand zu, indem sie es selbständig auf die Idee kommen lassen, den Bauch des Wolfes mit Steinen zu füllen und damit seinen Tod zu beschließen. Zuvor musste sich das Rotkäppchen zwar von einem starken Jäger befreien lassen, ganz ohne männliche Hilfe geht es nun doch nicht, aber, wie bereits erwähnt, kann und darf sie sich selber helfen. Diese Hilfe kommt zwar, genau betrachtet, etwas zu spät, einen Anklang von Selbständigkeit und Eigenverantwortung darf (das Mädchen) jedoch mit einem männlichen Helfer im Hintergrund bereits zeigen. Noch einmal knappe 150 Jahre später ist das Rotkäppchen dank James Thurber bereits so weit erwachsen, ja geradezu emanzipiert, dass den Namen "Rotkäppchen" nicht mehr braucht. Es ist nun das „kleine Mädchen" geworden. Auch lässt es sich nicht von einem Wolf hinters Licht führen, sondern durchschaut diesen sofort. Äußerst wehrhaft und vielleicht ein wenig brutal entledigt sie sich unliebsamen Begegnungen. Man kann also sage, die Entwicklung vom naiven Bauernmädchen zum selbstbewussten Göre ist vollzogen.

8.   Literaturverzeichnis

1.   Kast, Verena: Märchen als Therapie

2.   Meyers Großes Taschenlexikon

3.   Lüthi, Max: Das europäische Volksmärchen

4.   Ritz, Hans: Die Geschichte vom Rotkäppchen

5.   Scherf, Walter: Lexikon der Zaubermärchen

6.   Zipes, Jack: Rotkäppchens Lust und Leid